Analyse

Par Gu

Candide ou l'Optimisme

de Voltaire

lePetitLittéraire.fr

Rendez-vous sur lepetitlitteraire.fr et découvrez :

Plus de 1200 analyses
Claires et synthétiques
Téléchargeables en 30 secondes
À imprimer chez soi

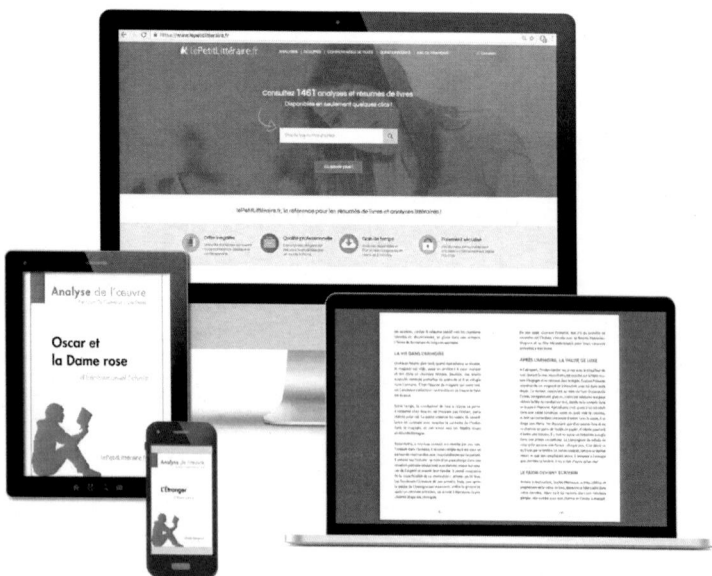

VOLTAIRE 1

CANDIDE OU L'OPTIMISME 2

RÉSUMÉ 4

Chapitres I-III
Chapitres IV-VI
Chapitres VII-IX
Chapitres X-XII
Chapitres XIII-XV
Chapitres XVI-XIX
Chapitres XX-XI
Chapitres XII-XV
Chapitres XVI-XVIII
Chapitres XXIX-XXX

ÉTUDE DES PERSONNAGES 9

Candide
Pangloss
Cunégonde
Cacambo
Martin
La vieille

CLÉS DE LECTURE 13

Une dimension philosophique forte
Une critique sociale acerbe
Le genre du conte philosophique

PISTES DE RÉFLEXION 22

Quelques pistes pour approfondir sa réflexion…

POUR ALLER PLUS LOIN 24

VOLTAIRE

ÉCRIVAIN ET PHILOSOPHE FRANÇAIS

- **Né en 1694 à Paris**
- **Décédé en 1778 à Paris**
- **Quelques-unes de ses œuvres :**
    - *Micromégas* (1752), conte philosophique
    - *Candide ou l'Optimisme* (1759), conte philosophique
    - *L'Ingénu* (1767), conte philosophique

Voltaire, de son vrai nom François Marie Arouet, est un philosophe et écrivain français qui fut l'une des figures de proue des Lumières. Né en 1694, il fait des études brillantes, malgré son esprit indiscipliné, chez les jésuites. À sa sortie du collège, il se fait connaitre par ses écrits satiriques, dans lesquels il attaque, par exemple, le régent. Cela lui vaut un séjour de onze mois à la Bastille. À sa sortie, il défend encore et toujours ses positions à travers des procédés littéraires divers, notamment l'ironie. La dimension très critique de ses ouvrages l'oblige à s'exiler en Angleterre, où il découvre un nouveau système politique qui le fascine. De la même façon, il séjourne en Prusse, aux côtés de Frédéric II, qui représente le modèle du monarque éclairé qu'admire Voltaire, bien que les deux hommes finissent par se disputer. À son retour en France, il s'installe à Genève puis à Ferney, avant de retourner à Paris où il meurt en 1778. Il laisse une œuvre imposante et protéiforme, mais répondant toujours à son combat pour la liberté, la tolérance et le savoir.

CANDIDE OU L'OPTIMISME

« TOUT EST POUR LE MIEUX DANS LE MEILLEUR DES MONDES »

- **Genre :** conte philosophique
- **Édition de référence :** *Candide ou l'Optimisme*, Paris, Gallimard, coll. « Folio classique », 2003, 272 p.
- **1ʳᵉ édition :** 1759
- **Thématiques :** le mal, le fanatisme religieux, l'horreur de la guerre, la recherche du bonheur, l'esclavage, l'intolérance, la philosophie optimiste et pessimiste

Publié sous le pseudonyme du docteur Ralph, *Candide*, sous-titré *l'Optimisme*, est un conte philosophique dans lequel un jeune garçon est chassé du château du baron de Thunder-ten-tronckh où il menait jusque-là une vie paisible dans un univers clos, à mille lieues de la réalité extérieure. Formé par le précepteur Pangloss qui lui enseigne que « tout est pour le mieux dans le meilleur des mondes », Candide, aussi naïf que son nom le laisse supposer, ne s'attend pas à l'horreur qu'il s'apprête à découvrir.

À la manière d'un roman d'apprentissage, le jeune homme est lancé dans une aventure dont les péripéties, volontairement exagérées, lui révèleront les travers de la société et le mal ambiant qui s'est emparé du monde. Car c'est bien là la volonté de Voltaire : révéler au lecteur cette réalité que les philosophies optimistes véhiculées par Leibniz (philosophe allemand, 1646-1716) et par son disciple Christian von Wolff (juriste, mathématicien et philosophe allemand, 1679-1754) nient.

Publié à Genève, Paris, Londres et à Amsterdam, l'ouvrage connait un succès important qui ne fera que croitre après son interdiction par la censure.

RÉSUMÉ

CHAPITRES I-III

Après avoir été surpris dans une situation inconvenante avec Cunégonde, Candide est chassé du château du baron de Thunder-ten-tronckh « à grands coups de pied dans le derrière ». Il se retrouve enrôlé dans l'armée bulgare où, accusé de désertion, il subit des châtiments corporels. Il fuit alors l'armée et les combats, et en est réduit à demander l'aumône. Il reçoit l'aide d'un homme non baptisé, Jacques. Candide donne ensuite le fruit de son aumône à des plus miséreux que lui.

CHAPITRES IV-VI

Candide rencontre Pangloss, son précepteur, dans un état misérable. Celui-ci lui explique que le château a été ravagé, et que Cunégonde a été violée et tuée. Candide convainc Jacques de venir en aide à Pangloss. Tous trois s'embarquent pour Lisbonne, mais le bateau fait naufrage à proximité de la capitale portugaise. Lorsque Candide et Pangloss rejoignent le rivage, un tremblement de terre survient. Un inquisiteur les arrête et un autodafé (cérémonie au cours de laquelle des hérétiques sont condamnés à mourir par le feu, par l'Inquisition, tribunal chargé de lutter contre l'hérésie) est organisé. Pangloss est pendu tandis que Candide n'est que fessé. Après ce châtiment, une vieille femme l'invite à la suivre.

CHAPITRES VII-IX

La vieille soigne et nourrit Candide. Un soir, elle le conduit dans une maison isolée où il a la surprise de retrouver Cunégonde vivante. Cette dernière raconte son viol et son éventration, les soins qu'elle a reçus d'un capitaine qui l'a faite prisonnière et sa vente à un juif qui l'a conduite dans la maison dans laquelle ils se trouvent. Elle raconte aussi comment le grand inquisiteur a obtenu de la partager avec le juif. Ils sont interrompus par l'arrivée du juif, que Candide est contraint de tuer. L'inquisiteur arrive peu après, et Candide le tue aussi. Candide, Cunégonde et la vieille s'enfuient en emportant les bijoux et l'argent dont la jeune fille dispose.

CHAPITRES X-XII

Cunégonde se fait voler ses richesses. Les trois héros parviennent finalement à Cadix, et Candide se fait nommer capitaine dans une armée qui fait voile vers le Paraguay. Au cours de la traversée, la vieille entreprend de raconter son histoire. Fille d'un pape et d'une princesse, elle fut enlevée et asservie par un corsaire, puis conduite au Maroc où son ravisseur fut tué par une faction ennemie. Elle en réchappa et fut recueillie par un castrat blanc qui la vendit en Algérie. Elle fut ensuite vendue à Tunis, Tripoli, Alexandrie, Smyrne et Constantinople. Finalement, prisonnière d'un Russe, elle finit par s'enfuir et parcourut l'Europe en travaillant dans des cabarets, avant de devenir servante chez le juif qui avait pris possession de Cunégonde.

CHAPITRES XIII-XV

Lorsque les protagonistes arrivent à Buenos Aires, le gouverneur se met à convoiter Cunégonde. Peu de temps après, un bateau recherchant le meurtrier de l'inquisiteur arrive. Candide et son valet Cacambo, dont on entend parler pour la première fois, décident de se réfugier chez les jésuites. Le commandant reçoit Candide, et il s'avère que celui-ci n'est autre que le frère de Cunégonde. Ce dernier raconte de quelle manière il fut laissé pour mort et comment il devint commandant chez les jésuites. Lorsque Candide fait part de son projet d'épouser Cunégonde, le frère de cette dernière s'emporte et frappe Candide qui le tue. Candide et Cacambo s'enfuient à nouveau.

CHAPITRES XVI-XIX

Ils traversent le territoire des Oreillons, ennemis des jésuites. D'abord capturés et condamnés à être dévorés, Candide et Cacambo parviennent à se tirer d'affaire après avoir avoué qu'ils avaient tué un jésuite. Ils décident de se rendre à Cayenne, montent sur un canot et se laissent glisser sur une rivière. Ils arrivent dans une contrée où les enfants jouent avec de l'or et des pierres précieuses et où ils sont reçus comme des rois : Eldorado. Ils y séjournent un mois, puis demandent à partir. Le roi leur fait construire une machine leur permettant de passer l'obstacle que constituent les montagnes, seule issue à cette contrée, et les charge de biens et de richesses. Candide et Cacambo finissent par arriver à Surinam, mais ils ont perdu au cours du voyage l'essentiel des richesses qu'ils transportaient. Après avoir appris que Cunégonde était devenue la maitresse du gouverneur de Buenos Aires, Candide envoie Cacambo la racheter. Ils conviennent de se retrouver à Venise. Candide embarque sur un bateau pour Bordeaux après s'être trouvé un nouveau compagnon, Martin.

CHAPITRES XX-XI

Candide et Martin passent le voyage à philosopher jusqu'à leur arrivée à Bordeaux.

CHAPITRES XII-XV

Candide décide de passer par Paris où il tombe malade. Finalement guéri, il découvre la vie parisienne et est escroqué avant d'être arrêté. Il parvient toutefois à corrompre l'homme qui l'arrête, puis se rend en Normandie où il embarque vers l'Angleterre avec Martin. Ils n'y restent que deux jours avant d'enfin partir pour Venise. Mais Candide n'y trouve ni Cacambo ni Cunégonde. Il y rencontre toutefois Paquette, l'ancienne maitresse de Pangloss, devenue prostituée. Il lui donne de l'argent.

CHAPITRES XVI-XVIII

Candide retrouve Cacambo dans une auberge. Ce dernier est devenu l'esclave d'un roi déchu qui accepte d'emmener Candide et Martin à Constantinople, où se trouve Cunégonde. On apprend que cette dernière est esclave chez un ancien souverain et qu'elle est devenue laide. Candide, Cacambo et Martin prennent place dans une galère. Ils y retrouvent Pangloss et le frère de Cunégonde, finalement vivants mais galériens. Candide les rachète. Les cinq hommes se rendent à Constantinople sur un autre bateau. On apprend comment le baron et Pangloss ont survécu et sont devenus galériens.

CHAPITRES XXIX-XXX

Les cinq hommes trouvent Cunégonde et la vieille dès qu'ils accostent. Candide les rachète. Le baron s'oppose à nouveau au mariage de sa sœur avec Candide. Les quatre hommes se débarrassent alors du baron et le renvoient aux galères. Les six héros mènent ensuite une existence misérable et ennuyeuse dans une métairie. Leur sort devient plus heureux lorsqu'ils entreprennent de tromper l'ennui en travaillant. « Il faut cultiver notre jardin », conclut Candide.

ÉTUDE DES PERSONNAGES

CANDIDE

Héros du conte philosophique, Candide n'est presque pas décrit physiquement par Voltaire. Tout ce que son créateur en dit est que « sa physionomie annonçait son âme ». Il est le fils bâtard de la sœur du baron de Thunder-ten-tronckh, chez qui il mène une vie paisible et ignorante des réalités extérieures. Il y reçoit une éducation donnée par Pangloss, le précepteur du château. Tombé amoureux de Cunégonde, la fille de ce dernier, il est chassé de la demeure après avoir été surpris en train de l'embrasser.

Expulsé de ce qui pourrait être considéré comme le paradis terrestre, Candide découvre un monde dont il n'avait pas conscience jusque-là. Son voyage et tous les périples par lesquels il passera le feront évoluer. En parcourant le monde, il découvre ses beautés et ses richesses (Eldorado), mais aussi et surtout ses drames et ses horreurs. Personnage naïf et crédule à l'origine, il finit par douter des enseignements de son maitre à penser et rencontrera sur sa route plusieurs personnes qui feront évoluer ses réflexions et lui permettront de penser par lui-même. C'est donc par l'expérimentation qu'il finit par se défaire de la philosophie optimiste de Pangloss.

Souhaitant à tout prix retrouver sa bienaimée, c'est pour elle qu'il se risque à d'innombrables aventures au cours desquelles son ignorance et sa gentillesse lui joueront des tours. Attristé par ce qu'il découvre, il se défait peu à peu de son éducation. Ses retrouvailles avec Cunégonde à la fin du conte, qui auraient dû être sources de joie, se soldent elles aussi par une désillusion : la vie a marqué l'être qu'il aimait qui est loin d'être aussi belle qu'au moment de leur existence au château du baron de Thunder-ten-tronckh. Il l'épouse toutefois pour ne pas manquer à ses promesses.

Après ses nombreux débats et discussions philosophiques qu'il a partagés avec ses compagnons de route, Candide retrouve le bonheur en cultivant son propre jardin.

PANGLOSS

Pangloss est le précepteur du château du baron de Thunder-ten-tronckh. Il enseigne à Candide, à Cunégonde et à son frère ce qu'il nomme la « métaphysico-théologico-cosmolo-nigologie », une science obscure qu'il est le seul à maitriser. Profondément naïf, Candide boit ses paroles comme s'il s'agissait là d'un discours divin qui ne peut être remis en question. Il ne découvrira qu'au cours de son long périple la futilité de cet enseignement.

Avec Pangloss, Voltaire a dressé le portrait du faux savant qu'il exècre tant. Pensant tout connaitre sur tout, celui-ci ne se remet jamais en question et ne songe même pas à analyser ses connaissances avec un certain esprit critique. Pangloss ne fait que reprendre à son compte des théories pensées par d'autres qu'il ne comprend d'ailleurs pas et qu'il tente malgré tout de transmettre dans un discours qui n'a plus aucune logique. Sa philosophie consiste à considérer que « tout est pour le mieux dans le meilleur des mondes ». Il s'explique à ce sujet en ces termes :

> « Il est démontré [...] que les choses ne peuvent être autrement : car tout étant fait pour une fin, tout est nécessairement pour la meilleure fin. Remarquez bien que les nez ont été faits pour porter des lunettes ; aussi avons-nous des lunettes. » (chapitre I)

Mais à travers ce personnage, l'auteur pointe directement du doigt la pensée de Leibniz, en vogue au moment de la rédaction de son conte. Celui-ci pensait en effet que le monde était le plus parfait possible, car créé par Dieu, l'être parfait par excellence. Le périple de Candide nous montrera que, pour Voltaire, il en est tout autre.

CUNÉGONDE

Elle est à la fois la cousine et l'aimée de Candide. Après avoir été violée et éventrée, elle devient notamment la maitresse du gouverneur de Buenos Aires avant de devenir servante à Constantinople. Devenue laide, elle épouse Candide qui parvient à la retrouver. Il semble qu'elle n'ait pour elle que son physique. En effet, on ne la prend pas vraiment à philosopher et Candide n'a plus envie de l'épouser lorsqu'elle devient laide, ce qui laisse penser que sa beauté était son seul atout.

CACAMBO

Cacambo est le valet de Candide et son compagnon au milieu de son voyage. D'origine péruvienne, il est particulièrement utile en Amérique du Sud et à Eldorado. Il s'agit d'un personnage ayant les pieds sur terre. Le résultat est que toutes les décisions qu'il prend sont bonnes.

MARTIN

Le personnage de Martin arrive à la fin du voyage. Candide fait sa connaissance au Surinam, lors du concours de l'être le plus malheureux. À l'inverse de Pangloss, il n'y a pour cet ancien libraire d'Amsterdam aucune perspective de bonheur dans ce monde :

> « Croyez-vous, dit Candide, que les hommes se soient toujours mutuellement massacrés comme ils font aujourd'hui ? qu'ils aient été menteurs, fourbes, perfides [...] ?
> – Croyez-vous, dit Martin, que les éperviers aient toujours mangé des pigeons quand ils en ont trouvé ?
> – Oui, sans doute, dit Candide.
> – Eh bien ! dit Martin, si les éperviers ont toujours eu le même caractère, pourquoi voulez-vous que les hommes aient changé le leur ? » (chapitre XXI)

Ce faisant, il dévoile une philosophie à l'opposé de celle enseignée par Pangloss qui ne convainc cependant pas Voltaire, car si les choses ne peuvent changer, l'action ne sert à rien.

LA VIEILLE

Bienfaitrice de Cunégonde, elle évoque la marraine que l'on retrouve dans les contes. Elle est issue d'une noble lignée, mais a été déchue après de multiples viols et enlèvements. Son ancrage dans la réalité la place au même rang que Cacambo et Martin.

CLÉS DE LECTURE

UNE DIMENSION PHILOSOPHIQUE FORTE

Le refus de la philosophie optimiste…

La phrase clé de *Candide*, qui permet en partie de résumer l'œuvre, est sans aucun doute la formule de Pangloss : « Tout est pour le mieux dans le meilleur des mondes. » En effet, il s'agit autant de la thèse philosophique que Voltaire entreprend de mettre à mal que du prétexte à une critique sociale.

La phrase de Pangloss, reprise par Candide de différentes manières au cours du conte, reflète en réalité la thèse que Rousseau (écrivain et philosophe français, 1712-1778) défend dans sa *Lettre à Voltaire sur la Providence* (1756), proche de la pensée de Leibniz. Si on devait la résumer en quelques mots, on pourrait dire que Rousseau avance l'idée selon laquelle les maux que l'on peut éprouver sont le fait des hommes eux-mêmes et non de la Providence, c'est-à-dire de Dieu. Il affirme ainsi, dans ses *Confessions* (1782-1789), que le mal trouve « sa source dans l'abus que l'homme a fait de ses facultés plus que dans la nature elle-même » (Livre IX). Il prétend que si Dieu existe, alors il ne peut exister de mal général, et que tout ce qui arrive est indispensable au maintien de l'univers. En réalité, il reprend la thèse de Leibniz, pour qui tout mal crée un contraste mettant le bien en évidence. On peut résumer cela de la manière suivante : de tous maux ressort un bien. Il s'agit d'une théorie optimiste.

Voltaire n'adhère pas du tout à cette philosophie. C'est

d'ailleurs déjà à ce sujet qu'il écrit son *Poème sur le désastre de Lisbonne* (1756), dans lequel on peut lire :

> « Philosophes trompés qui criez : "Tout est bien"
> Accourez, contemplez ces ruines affreuses
> Ces débris, ces lambeaux, ces cendres malheureuses. »

Selon lui, le monde est injuste et cruel. Il ne supporte pas l'idée qu'une tragédie comme le tremblement de terre de Lisbonne puisse être vue comme un évènement entrainant un bien. Rousseau ne comprend évidemment pas Voltaire et dira de lui : « Voltaire, en paraissant toujours croire en Dieu, n'a réellement jamais cru qu'au diable, puisque son Dieu prétendu n'est qu'un être malfaisant. » (*Confessions*, livre IX)

Quoi qu'il en soit, Voltaire, frappé par une certaine horreur du monde, caricature la philosophie optimiste et la met à mal en se livrant à une critique sociale des plus acerbes, en mettant notamment en scène son héros dans des situations extrêmes.

... et de la philosophie pessimiste

À l'opposé de cette philosophie optimiste se trouve celle véhiculée par Martin qui affirme être manichéen. Marqué par les épreuves de la vie (volé par sa femme, battu par son fils, abandonné par sa fille, persécuté par les prédicants de Surinam), Martin s'était porté candidat à l'élection de l'être le plus malheureux de Surinam au moment de sa rencontre avec Candide. Sa philosophie est donc à l'image de la vie qu'il semble avoir menée. Pour lui, rien de bon ne peut arriver dans ce monde qui a été délaissé par Dieu au profit du diable.

Tout au long du chemin qu'ils parcourent ensemble, Martin philosophera avec Candide et tentera de lui faire percevoir sa vision des choses. Pour lui, le mal est omniprésent sur Terre, laissant très peu de place au bien pour se développer. Il affirme d'ailleurs que si le bien existe vraiment, il ne connait pour sa part rien de bon ici-bas. Il dépeint ainsi à Candide une société avide de pouvoir, envieuse de ce que possèdent les autres, violente et injuste :

> « Je n'ai guère vu de ville qui ne désirât la ruine de la ville voisine, point de famille qui ne voulût exterminer quelque autre famille. Partout les faibles ont en exécration les puissants devant lesquels ils rampent, et les puissants les traitent comme des troupeaux dont on vend la laine et la chair. » (chapitre XX)

Si elle vient contredire la philosophie de Pangloss, elle ne reçoit toutefois pas entièrement l'approbation de Voltaire, car une telle pensée ne mène qu'à la passivité et à l'inaction. Or ce type de conduite ne peut permettre à Candide – ni à qui que ce soit – d'atteindre son objectif : trouver le bonheur.

Un bonheur simple

Objet de la quête menée par Candide, le bonheur ne peut être une chose insaisissable. Il faut toutefois attendre la fin du conte pour en découvrir les clés : « Il faut cultiver notre jardin. » (chapitre XXX) Le travail seul mènerait donc à ce bonheur tellement attendu, puisque même l'amour n'a laissé à Candide qu'un goût amer d'insatisfaction. Le vieillard turc, rencontré alors que les personnages principaux se rendaient à la métairie, affirme à ce propos que « le travail éloigne de nous trois grands maux, l'ennui, le vice et le besoin » (*ibid.*).

Le bonheur ne doit donc pas être cherché du côté de la philosophie, du pouvoir, ni même de la religion. Il faut le trouver en soi et agir concrètement sur des choses sur lesquelles on peut avoir une influence. Ce n'est qu'ainsi que l'on pourra faire évoluer la société qui s'est perdue dans d'innombrables vices.

UNE CRITIQUE SOCIALE ACERBE

Le premier sujet de critique est la guerre et son horreur, les atrocités étant évoquées avec une froideur inquiétante dans les chapitres II et III. La première atrocité, en dehors de la manière dont Candide est « recruté » et le sens lourd du qualificatif de « héros » dont on l'affuble, est constituée par les sévices dont le protagoniste fait l'objet lorsqu'on l'accuse d'avoir voulu déserter :

> « On lui demande juridiquement ce qu'il aimait le mieux d'être fustigé trente-six fois par tout le régiment, ou de recevoir à la fois douze balles de plomb dans la cervelle. Il eut beau dire que les volontés sont libres, et qu'il ne voulait ni de l'un ni de l'autre, il fallut faire un choix ; il se détermina, en vertu du don de Dieu qu'on nomme liberté, à passer trente-six fois par les baguettes ; il essuya deux promenades. Le régiment était composé de deux mille hommes. Cela lui composa quatre mille coups de baguette. Comme on allait procéder à la troisième course, Candide n'en pouvant plus,

> demanda grâce qu'on voulût bien lui casser la tête : il obtint cette faveur. » (chapitre II)

Bien entendu, l'horreur ne s'arrête pas là, et l'ironie propre à Voltaire s'en mêle :

> « Rien n'était si beau, si leste, si brillant, si bien ordonné que les deux armées. Les trompettes, les fifres, les hautbois, les tambours, les canons formaient une harmonie telle qu'il n'y en eut jamais en enfer. [...] Candide, qui tremblait comme un philosophe, se cacha du mieux qu'il put pendant cette boucherie héroïque. » (chapitre III)

Et lorsque Candide s'enfuit, c'est pour assister à plus horrible encore :

> « Ici des vieillards criblés de coups regardaient mourir leurs femmes égorgées, qui tenaient leurs enfants à leurs mamelles sanglantes ; là, des filles éventrées rendaient les derniers soupirs. » (*ibid.*)

La dernière allusion à la guerre et à son absurdité qui mérite d'être notée est sans doute cette réflexion que formule Pangloss après avoir rapporté à Candide les horreurs perpétrées au château (meurtres, viols, etc.) :

> « Mais nous avons bien été vengés, car les Arabes en ont fait autant dans une baronnie voisine qui appartenait à un seigneur bulgare. » (chapitre IV)

Mais la guerre et la violence ne sont pas les seuls éléments critiqués ouvertement par Voltaire. L'Église en général, et plus particulièrement l'Inquisition, font également l'objet d'une attaque en bon ordre. La seule concession de Voltaire est peut-être d'avoir inventé un nom de pape pour incarner le père de la vieille (chapitre XI), au lieu de laisser ce nom sous silence et de suggérer qu'il évoquait une personne réelle. Mais c'est peut-être plus par prudence que par clémence. Les personnages pieux sont présentés avec leurs contradictions, notamment l'inquisiteur qui a de coupables projets pour Cunégonde. Et que dire du fait que le seul personnage réellement charitable que rencontre Candide soit Jacques, l'anabaptiste, c'est-à-dire un individu qui a décalé son baptême à l'âge de raison et qui manifestement ne l'a pas concrétisé alors qu'il est adulte ?

Le coup le plus important porté à la religion est sans doute l'épisode de l'autodafé. Il faut savoir que cet autodafé a réellement eu lieu le 20 juin 1756. Les formules utilisées par Voltaire ne laissent aucun doute sur son opinion : « Il était décidé par l'université de Coïmbre que le spectacle de quelques personnes brûlées à petit feu en grande cérémonie est un secret infaillible pour empêcher la terre de trembler. » (chapitre VI) ; « Il s'en retournait, se soutenait à peine, prêché, fessé, absous et béni. » (*ibid.*) Voltaire abhorre le fanatisme et on comprend mieux, à la lumière de ce genre de citation, ce qui pourrait parfois passer pour des mesquineries antireligieuses.

Enfin, s'il est encore un élément majeur contre lequel Voltaire se révolte, c'est la survivance du servage, de l'esclavage et de la barbarie inhérente à cet état. C'est le célèbre épisode du nègre de Surinam qui illustre cela :

> « En approchant de la ville, ils rencontrèrent un nègre étendu

> par terre, n'ayant plus que la moitié de son habit, c'est-à-dire d'un caleçon de toile bleue ; il manquait à ce pauvre homme la jambe gauche et la main droite. » (chapitre XIX)

Lorsque Candide engage la conversation avec le pauvre homme, il découvre l'usage barbare en vigueur :

> « On nous donne un caleçon de toile pour tout vêtement deux fois l'année ; quand nous travaillons aux sucreries et que la meule nous attrape le doigt, on nous coupe la main ; quand nous voulons nous enfuir, on nous coupe la jambe ; je me suis trouvé dans ces deux cas : c'est à ce prix que vous mangez du sucre en Europe. » (*ibid.*)

On sent dans ce passage toute la hargne de Voltaire, transmise par le biais d'une ironie féroce. Le raisonnement du nègre est par ailleurs aussi l'occasion de tirer une fois de plus sur la religion :

> « Les fétiches hollandais, qui m'ont converti, me disent tous les dimanches que nous sommes tous enfants d'Adam, blancs et noirs. Je ne suis pas généalogiste ; mais si ces prêcheurs disent vrais, nous sommes tous cousins issus de germains ; or vous m'avouerez qu'on ne peut pas en user avec ses parents d'une manière plus horrible. » (*ibid.*)

LE GENRE DU CONTE PHILOSOPHIQUE

Philosophique, *Candide* l'est sans aucun doute. Pourtant, à la lecture de ce conte, on ne trouve que peu de similitudes avec des œuvres que l'on pourrait qualifier de purement philosophiques. Difficile de comparer, sur la forme, Descartes (philosophe, 1596-1650) ou Pascal (physicien, philosophe et écrivain, 1623-1662) à Voltaire. C'est que l'auteur déploie ici des trésors d'ingéniosité pour développer une idée centrale tout en construisant un récit plaisant, et surtout sans alourdir l'ensemble de longues démonstrations. Ce véritable tour de force n'est pas étranger au succès de *Candide*.

Pour parvenir à ce résultat, Voltaire mélange les traits de divers genres littéraires qu'il parodie :

- le premier est le conte de fées. Le paysage idyllique du début ne manque pas de le rappeler, et l'élément perturbateur qui conduit Candide dans les péripéties que l'on connait prend fin lorsque le héros au cœur pur a atteint son but : retrouver celle qu'il aime ;
- mais le conte de fées est vite dénaturé et prend alors des allures de roman picaresque, Candide et ses compagnons étant entraînés dans des aventures toujours plus invraisemblables ;
- et que dire de la fin du roman où Cunégonde est devenue laide et où Candide hésite à l'épouser ? C'est sans doute le roman sentimental qui est l'autre genre le plus parodié. L'obsession de Candide pour Cunégonde ne cesse de paraitre, sinon ridicule, au moins démesurée aux yeux du lecteur, jusqu'à ce qu'il la retrouve laide. L'absurdité de ses aventures, dictée par un relent d'amour adolescent, n'en apparait que plus clairement à ce moment.

Bon à savoir : le roman picaresque

Le roman picaresque est un genre littéraire né en Espagne au XVIe siècle. Les protagonistes sont générale-

> ment d'origine misérable ou modeste et sont entrainés dans de multiples aventures extravagantes. On peut presque parler d'antichevalerie.

Pour conclure, nous dirons que *Candide* est bien un conte philosophique : il s'agit d'une histoire fictive qui cache une critique virulente. Si Voltaire recourt à certaines des caractéristiques du conte, c'est pour déjouer la censure.

PISTES DE RÉFLEXION

QUELQUES PISTES POUR APPROFONDIR SA RÉFLEXION...

- Qu'est-ce que Voltaire critique à travers le personnage de Pangloss ?
- Quel est le point de vue de Voltaire sur la guerre et ses conséquences ?
- Que nous indique le prénom « Candide » sur la personnalité du héros ?
- Candide est-il un héros ? Justifiez votre réponse. Analysez le chapitre III et expliquez en quoi consiste l'ironie de Voltaire.
- Relisez le chapitre XIX, plus particulièrement l'épisode du nègre de Surinam. Que nous apprend ce chapitre sur l'opinion de l'auteur par rapport à l'esclavage ? Par quels moyens Voltaire transmet-il son point de vue ?
- En quoi consiste l'autodafé décrit au chapitre VI ? Comparez-le avec d'autres autodafés dont vous avez entendu parler, qu'ils soient historiques ou fictionnels.
- Montrez en quoi Voltaire parodie à la fois le conte de fées, le roman picaresque et le roman sentimental.
- À partir de cette œuvre, énoncez les caractéristiques du conte philosophique. À votre avis, pourquoi les philosophes des Lumières se sont-ils tournés vers ce genre ?

Votre avis nous intéresse !
Laissez un commentaire sur le site de votre librairie en ligne
et partagez vos coups de cœur sur les réseaux sociaux !

POUR ALLER PLUS LOIN

ÉDITION DE RÉFÉRENCE

- Voltaire, *Candide ou l'Optimisme*, Paris, Gallimard, coll. «Folio classique», 2003.

ÉTUDE DE RÉFÉRENCE

- Defays A., *Candide ou l'Optimisme de Voltaire. Analyse approfondie*, Bruxelles, Lemaitre Publishing, coll. « Profil littéraire », 2016.

ADAPTATIONS

- *Candide*, film de Norbert Carbonnaux, avec Louis de Funès, Jean-Pierre Cassel, Pierre Brasseur et Daliah Lavi, 1960.
- *Candide*, téléfilm de Pierre Cardinal, 1962.

SUR LEPETITLITTÉRAIRE.FR

- Commentaire du chapitre I de *Candide ou l'Optimisme*
- Commentaire du chapitre III de *Candide ou l'Optimisme*
- Commentaire du chapitre XIX de *Candide ou l'Optimisme*
- Fiche de lecture sur *Jeannot et Colin* de Voltaire
- Fiche de lecture sur *Le Monde comme il va* de Voltaire
- Fiche de lecture sur *L'Ingénu* de Voltaire
- Fiche de lecture sur *Micromégas* de Voltaire
- Fiche de lecture sur *Zadig ou la Destinée* de Voltaire

L'éditeur veille à la fiabilité des informations publiées, lesquelles ne pourraient toutefois engager sa responsabilité.

© LePetitLittéraire.fr, 2016. Tous droits réservés.

www.lepetitlitteraire.fr

ISBN version numérique : 978-2-8062-1752-3
ISBN version papier : 978-2-8062-1251-1
Dépôt légal : D/2013/12603/205

Avec la collaboration de René Henri pour l'analyse du personnage de Candide, de Pangloss et de Martin, ainsi que pour les chapitres suivants : « Tout est pour le mieux dans le meilleur des mondes », « … et de la philosophie pessimiste » et « Un bonheur simple ».

Conception numérique : Primento,
le partenaire numérique des éditeurs.

Ce titre a été réalisé avec le soutien de la Fédération Wallonie-Bruxelles, Service général des Lettres et du Livre.

Retrouvez notre offre complète sur lePetitLittéraire.fr

- des fiches de lectures
- des commentaires littéraires
- des questionnaires de lecture
- des résumés

ANOUILH
- Antigone

AUSTEN
- Orgueil et Préjugés

BALZAC
- Eugénie Grandet
- Le Père Goriot
- Illusions perdues

BARJAVEL
- La Nuit des temps

BEAUMARCHAIS
- Le Mariage de Figaro

BECKETT
- En attendant Godot

BRETON
- Nadja

CAMUS
- La Peste
- Les Justes
- L'Étranger

CARRÈRE
- Limonov

CÉLINE
- Voyage au bout de la nuit

CERVANTÈS
- Don Quichotte de la Manche

CHATEAUBRIAND
- Mémoires d'outre-tombe

CHODERLOS DE LACLOS
- Les Liaisons dangereuses

CHRÉTIEN DE TROYES
- Yvain ou le Chevalier au lion

CHRISTIE
- Dix Petits Nègres

CLAUDEL
- La Petite Fille de Monsieur Linh
- Le Rapport de Brodeck

COELHO
- L'Alchimiste

CONAN DOYLE
- Le Chien des Baskerville

DAI SIJIE
- Balzac et la Petite Tailleuse chinoise

DE GAULLE
- Mémoires de guerre III. Le Salut. 1944-1946

DE VIGAN
- No et moi

DICKER
- La Vérité sur l'affaire Harry Quebert

DIDEROT
- Supplément au Voyage de Bougainville

Dumas
- Les Trois Mousquetaires

Énard
- Parlez-leur de batailles, de rois et d'éléphants

Ferrari
- Le Sermon sur la chute de Rome

Flaubert
- Madame Bovary

Frank
- Journal d'Anne Frank

Fred Vargas
- Pars vite et reviens tard

Gary
- La Vie devant soi

Gaudé
- La Mort du roi Tsongor
- Le Soleil des Scorta

Gautier
- La Morte amoureuse
- Le Capitaine Fracasse

Gavalda
- 35 kilos d'espoir

Gide
- Les Faux-Monnayeurs

Giono
- Le Grand Troupeau
- Le Hussard sur le toit

Giraudoux
- La guerre de Troie n'aura pas lieu

Golding
- Sa Majesté des Mouches

Grimbert
- Un secret

Hemingway
- Le Vieil Homme et la Mer

Hessel
- Indignez-vous !

Homère
- L'Odyssée

Hugo
- Le Dernier Jour d'un condamné
- Les Misérables
- Notre-Dame de Paris

Huxley
- Le Meilleur des mondes

Ionesco
- Rhinocéros
- La Cantatrice chauve

Jary
- Ubu roi

Jenni
- L'Art français de la guerre

Joffo
- Un sac de billes

Kafka
- La Métamorphose

Kerouac
- Sur la route

Kessel
- Le Lion

Larsson
- Millenium I. Les hommes qui n'aimaient pas les femmes

Le Clézio
- Mondo

Levi
- Si c'est un homme

Levy
- Et si c'était vrai...

Maalouf
- Léon l'Africain

MALRAUX
- La Condition humaine

MARIVAUX
- La Double Inconstance
- Le Jeu de l'amour et du hasard

MARTINEZ
- Du domaine des murmures

MAUPASSANT
- Boule de suif
- Le Horla
- Une vie

MAURIAC
- Le Nœud de vipères

MAURIAC
- Le Sagouin

MÉRIMÉE
- Tamango
- Colomba

MERLE
- La mort est mon métier

MOLIÈRE
- Le Misanthrope
- L'Avare
- Le Bourgeois gentilhomme

MONTAIGNE
- Essais

MORPURGO
- Le Roi Arthur

MUSSET
- Lorenzaccio

MUSSO
- Que serais-je sans toi ?

NOTHOMB
- Stupeur et Tremblements

ORWELL
- La Ferme des animaux
- 1984

PAGNOL
- La Gloire de mon père

PANCOL
- Les Yeux jaunes des crocodiles

PASCAL
- Pensées

PENNAC
- Au bonheur des ogres

POE
- La Chute de la maison Usher

PROUST
- Du côté de chez Swann

QUENEAU
- Zazie dans le métro

QUIGNARD
- Tous les matins du monde

RABELAIS
- Gargantua

RACINE
- Andromaque
- Britannicus
- Phèdre

ROUSSEAU
- Confessions

ROSTAND
- Cyrano de Bergerac

ROWLING
- Harry Potter à l'école des sorciers

SAINT-EXUPÉRY
- Le Petit Prince
- Vol de nuit

SARTRE
- Huis clos
- La Nausée
- Les Mouches

SCHLINK
- Le Liseur

Schmitt
- La Part de l'autre
- Oscar et la Dame rose

Sepulveda
- Le Vieux qui lisait des romans d'amour

Shakespeare
- Roméo et Juliette

Simenon
- Le Chien jaune

Steeman
- L'Assassin habite au 21

Steinbeck
- Des souris et des hommes

Stendhal
- Le Rouge et le Noir

Stevenson
- L'Île au trésor

Süskind
- Le Parfum

Tolstoï
- Anna Karénine

Tournier
- Vendredi ou la Vie sauvage

Toussaint
- Fuir

Uhlman
- L'Ami retrouvé

Verne
- Le Tour du monde en 80 jours
- Vingt mille lieues sous les mers
- Voyage au centre de la terre

Vian
- L'Écume des jours

Voltaire
- Candide

Wells
- La Guerre des mondes

Yourcenar
- Mémoires d'Hadrien

Zola
- Au bonheur des dames
- L'Assommoir
- Germinal

Zweig
- Le Joueur d'échecs

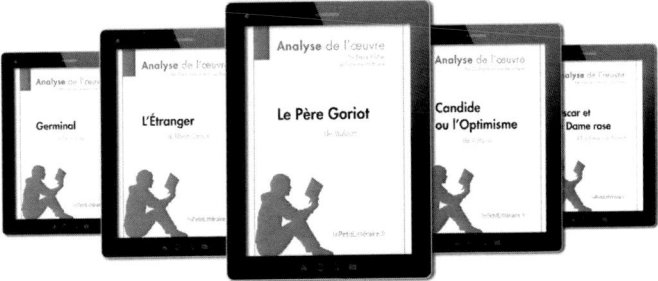